(Remington)

(Russell)

(Remington)

(Remington)

1

(Borein)

(Borein)

(Remington)

(Borein)

The Joining of the Rails

(Russell)

(Borein)

(Remington)

(Remington)

(Borein)

(Russell)

(Remington)

(Russell)

(Remington)

(Remington)

(Borein)

(Remington)

(Borein)

(Borein)

Moqui Snake Dance

9

(Remington)

(Remington)

(Remington)

(Remington)

(Borein)

Sitting Bull, Teton Dakota Chief

(Russell)

(Remington)

(Remington)

(Borein)

(Borein)

(Borein)

Blackfoot Indian
(Remington)

(Remington)

13

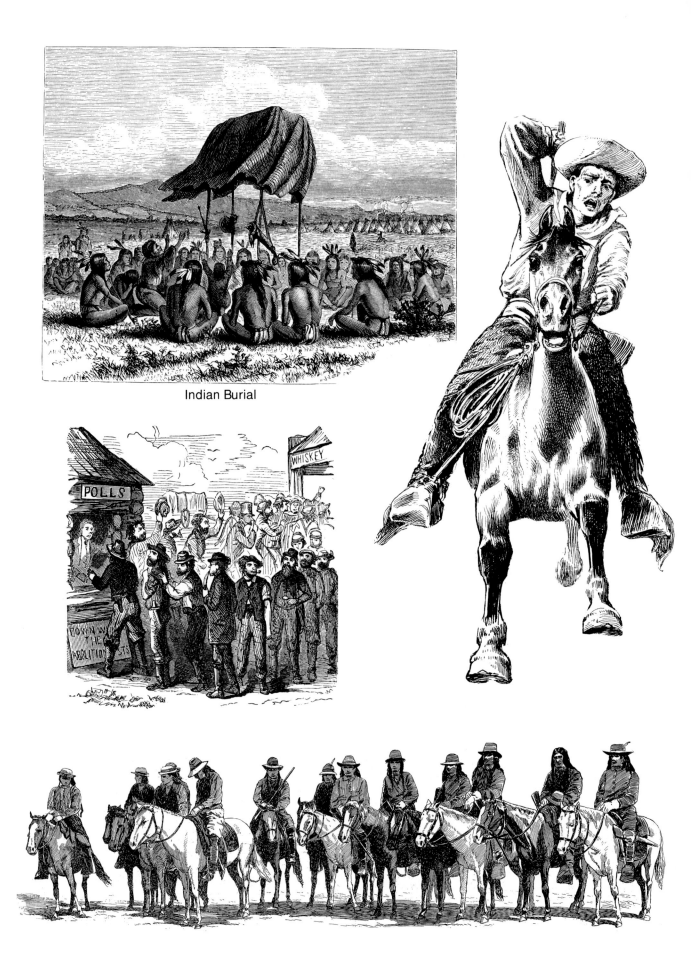

Indian Burial

Indian Burial

(Borein)

(Remington)

(Borein)

15

(Remington)

(Remington)

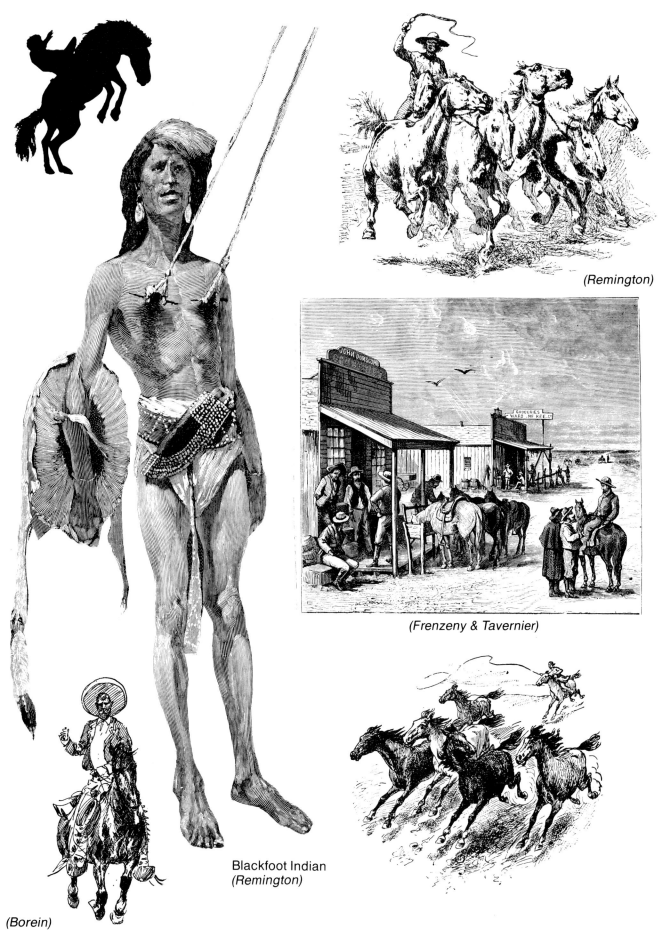

(Remington)

(Frenzeny & Tavernier)

Blackfoot Indian
(Remington)

(Borein)

17

18   *(Remington)*

(Remington)

(Borein)

(Frenzeny & Tavernier)

(Borein)

(Borein)

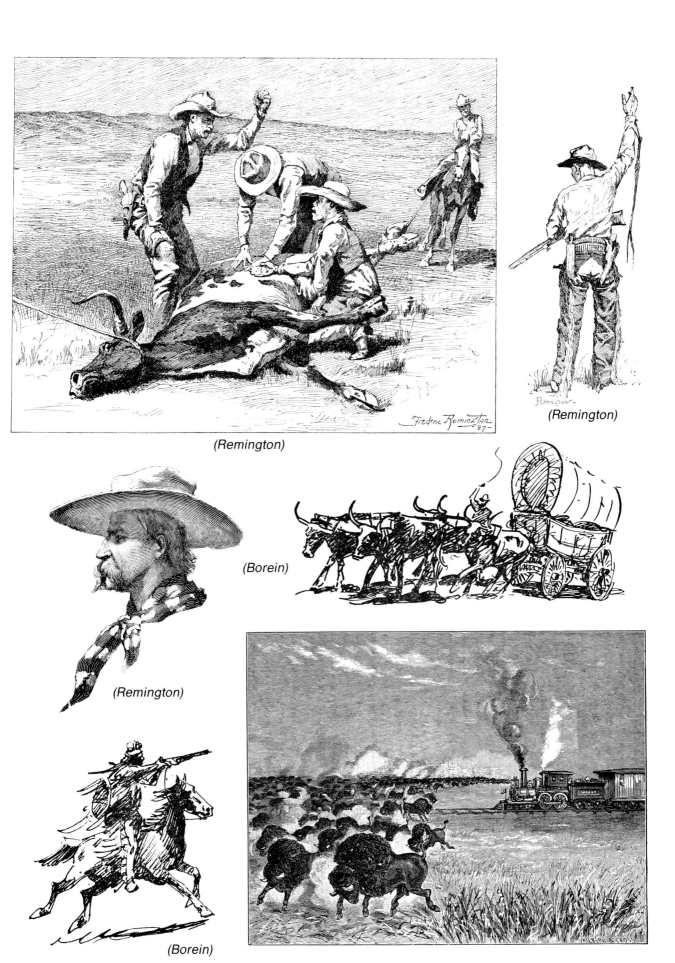

(Remington)

(Remington)

(Borein)

(Remington)

(Borein)

(Remington)

Elskwatawa, the Prophet

(Remington)

(Borein)

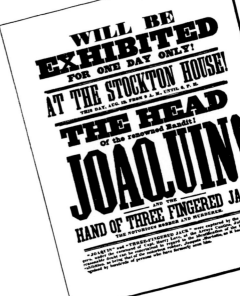

(Borein)

(Remington)

Mining Camp

Sopomoxo,
Blackfoot Chief
(Remington)

(Borein)

Mandan Chief

(Remington)

(Borein)

(Borein)

(Borein)

(Remington)

(Remington)

(Borein)

(Borein)

(Cary)

(Borein)

(Borein)

(Borein)

(Russell)

(Remington)

(Remington)

29

(Remington)

(Remington)

(Borein)

(Remington)

(Remington)

(Remington)

(Remington)

(Remington)

(Remington)

(Remington)

32